La guía de

Menudo es León

AGENDA DE ACTIVIDADES INFANTILES

© Textos y fotos: Isabel Rodríguez Ramos
© De la edición: Eolas Ediciones

Maquetación y cubierta: Mikel Mandon
www.contactovisual.es

ISBN: 978-84-10057-77-7
Dep. Legal: LE 479-2024

Este libro ha recibido la ayuda a la edición de
la Junta de Castilla y León

Isabel Rodríguez Ramos

GUÍA DE

planes en familia
por León

*Más de 100 propuestas
para disfrutar de
la ciudad y la provincia*

EOLAS
ediciones

¡Menudo es León!

La llegada de un nuevo miembro a la familia supone una oportunidad fantástica para descubrir todo lo que tenemos a nuestro alrededor desde otra perspectiva, para contagiarnos de la curiosidad, imaginación y frescura que desprenden los más peques. Por eso buscamos planes que los tengan en cuenta, que les hagan disfrutar como a nosotros y que podamos compartir juntos. Y por eso tienes este libro entre tus manos, lleno de planes para recorrer León en familia.

Está pensado para ti que vienes de fuera y quieres conocer esta ciudad y esta provincia de la mano de tus hijos, convirtiéndolo en una bonita experiencia para todos. Y también está pensado para ti, que vives aquí y quieres descubrir qué actividades podéis hacer ahora que llevas carrito, mochila, táper y toallitas en el bolso.

Pero, sobre todo, está pensado para ellos, para su forma de ver el mundo y para regalarles lo más preciado que tenemos, nuestro tiempo. Para coleccionar momentos, para mancharnos, reírnos y aprender. Porque con estos planes aprenderéis muchas cosas sin que haya deberes ni exámenes de por medio. De dónde procede lo que comemos, quiénes vivieron por aquí antes que nosotros, cómo se las arreglaban en la época de nuestros bisabuelos o de qué manera podemos tener luz en nuestras casas. Aprender de lo más cercano para llegar todo lo lejos que quieran.

Esta guía tiene su germen en un medio de comunicación digital, www.menudoesleon.com. Lo creé en 2015, un año después de que naciera mi primer hijo. Quería aportar a la sociedad una herramienta que orientase a las familias sobre todo lo que podían hacer en León y que, de paso, pusiera en valor lo que tenemos a un paso de casa.

Uní mi profesión de periodista con mi maternidad y mi inquietud por viajar, descubrir lugares nuevos y aprender. Mi mayor satisfacción ha sido comprobar lo útil que resulta.

Aquí encontraréis muchas ideas que os servirán de inspiración, pero recordad que el plan lo hacéis vosotros. Parar, descubrir, observar y no llegar al destino previsto también forma parte de esto. Disfrutemos del camino aprendiendo de nuestros pequeños maestros, que exprimen el presente como nadie. No hay prisa. Saber esperar a que una estrella fugaz cruce el cielo nocturno o ser capaces de apreciar un atardecer es un privilegio en este mundo frenético.

¡Adelante! Salid ahí fuera. Y tened en cuenta que León lo construimos entre todos cada día. Los que estamos aquí y los que venís de otros lugares. Hagámoslo bonito.

Isabel Rodríguez Ramos

Mi primer motivo para hacer este libro fue Martín. El segundo, Julia. Junto a ellos he recorrido mucho mundo, pero, sobre todo, he viajado a otra dimensión.

ÍNDICE

☆ RUTAS POR LA NATURALEZA

☆ PLANES SINGULARES

☆ EXPERIENCIAS

☆ PLANES ESTACIONALES

☆ MUSEOS POR LA PROVINCIA

☆ CITAS IMPERDIBLES

> 🛈 Antes de realizar cualquier plan os recomendamos poneros en contacto con el lugar al que vais a acudir para comprobar los horarios.

> ☺ Esta es una amplia selección de planes familiares, pero recorriendo la provincia descubriréis muchos más. ¡Buen viaje!

GUÍA DE PLANES EN FAMILIA EN LEÓN

LEÓN
CIUDAD

Seguir a un topo por la Catedral

CATEDRAL DE LEÓN

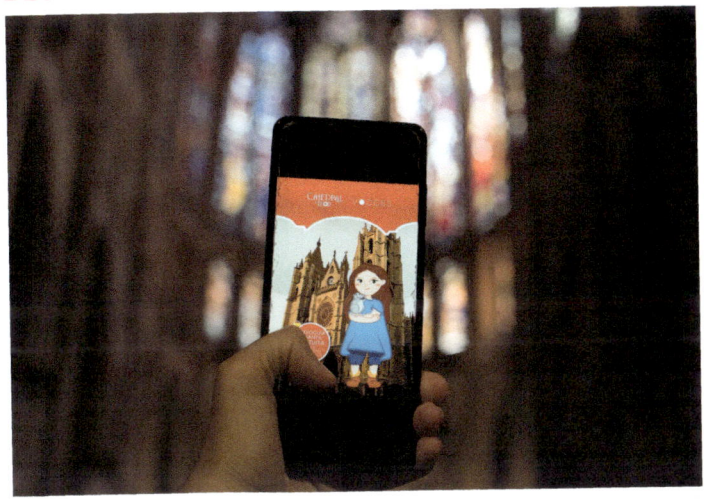

La visita a la Catedral de León incluye una audio guía infantil muy entretenida. Está protagonizada por una niña llamada Carmina y por Rodrigo, el topo de la Catedral. Este animal es el encargado de contar los secretos del templo durante el recorrido y pone a prueba a los niños animándoles a buscar algunos detalles en el interior de la *Pulchra* para que el paseo sea más ameno. La duración es de unos 30 minutos.

📍 Plaza de Regla.
🌐 https://www.catedraldeleon.org/

Los leoneses pueden sacar una tarjeta por 10 euros que permite todas las visitas posibles durante un año tanto a la Catedral, como al claustro y al museo. Los menores de 12 años entran gratis.

Entrar en la casa del dragón

MUSEO CASA BOTINES GAUDÍ

León cuenta con uno de los únicos cuatro edificios que Gaudí diseñó fuera de Cataluña y que nos permite conocer más sobre el genial arquitecto, inspiradora figura para grandes y pequeños. Durante la visita a este lugar, podemos pasear por una vivienda de finales del siglo XIX, entrar a la consulta de un dentista de aquella época y conocer mucho sobre la apasionante mente de Gaudí.

Ofrece visitas libres, guiadas y teatralizadas, todas ellas muy recomendables. En periodos de vacaciones escolares su Departamento de Educación oferta talleres infantiles de creatividad. También los sábados hay talleres infantiles de arte y bilingües. En el mes de septiembre organizan una Feria Modernista con numerosas actividades.

📍 Plaza de San Marcelo, 5.
🌐 https://www.casabotines.es/

En Astorga se encuentra el Palacio Episcopal (también de Gaudí), que parece sacado de una película de Disney.

Comprendernos a través del arte

MUSAC

El Museo de Arte Contemporáneo de Castilla y León ofrece un interesante programa infantil y familiar para sus Pequeamigos, entre 5 y 12 años. A través de diferentes Diverviajes por el museo, con actividades lúdicas y creativas, invitan a la reflexión y al autoconocimiento. También disponen de visitas dirigidas a familias algunos domingos para acercar el arte contemporáneo de una manera adaptada a sus intereses; y en ocasiones organizan espectáculos para el público menudo. En su biblioteca disponen de libros infantiles y una pequeña mesa en la que pueden entretenerse leyéndolos.

◎ Avenida de los Reyes Leoneses, 24.
🌐 https://musac.es/

Viajar al Imperio Romano
CENTRO DE INTERPRETACIÓN DEL LEÓN ROMANO

Este museo se encuentra en la Casona de Puerta Castillo y muestra cómo era el día a día de los romanos a través de recreaciones muy atractivas para los peques, como una estancia donde se alojaban los soldados. La información se combina con elementos muy visuales para comprender cómo pudo desarrollarse la vida durante el Imperio Romano en nuestra ciudad. También se puede pasear por un pequeño tramo de muralla y tiene maquetas muy atractivas. En ocasiones puntuales el Ayuntamiento organiza visitas teatralizadas.

📍 Plaza Puerta Castillo.
📱 987 87 82 38.

Hay otro museo romano en Astorga, que ofrece también una visita guiada por los restos arqueológicos de la época romana de la ciudad.

Vivir una experiencia salvaje

MUSEO DE COLECCIONES DE LA UNIVERSIDAD DE LEÓN (MULE)

Este fascinante museo de ciencias naturales cuenta con más de 60.000 ejemplares biológicos y aproximadamente unos 1.500 objetos patrimoniales históricos. Tienen artrópodos, anfibios, reptiles, aves y mamíferos naturalizados o conservados en fluidos. Entre las colecciones, destaca la mayor muestra de España de aves (más de 2.500 de todo el mundo) y de mariposas (25.000 especies). Es un lugar para descubrir, investigar y experimentar. Organizan visitas escolares y talleres.

◎ C/ Jesús Rubio, 2. León.
⊕ https://mule.unileon.es/

El MULE cuenta con mucho material cedido por el Museo de la Fauna Salvaje, que se encuentra en Valdehuesa y tiene animales naturalizados de todo el mundo, además de un parque zoológico con animales vivos por donde organizan safaris.

Embarcarnos destino a México

MUSEO DE LA EMIGRACIÓN LEONESA

¿Qué lleva a una persona a dejar a su familia, sus pertenencias, su lugar de origen y probar suerte en otro país a miles de kilómetros de su casa? Las respuestas a estas preguntas las encontraremos en el Museo de la Emigración Leonesa. El centro habla de los emigrantes leoneses que a finales del siglo XIX y en el XX salieron hacia América en busca de nuevas oportunidades. Veremos cómo fue el periplo, cómo emprendieron, qué devolvieron a la sociedad y qué valores podemos aprender de ellos. Todo en una espectacular casona donde los niños pueden tocar, investigar y explorar para aprender.

Organizan talleres infantiles de manera puntual.

⌖ Avda. Suero de Quiñones, 8.
🌐 https://www.museoemigracionleonesa.org/

Viajar al pasado

MUSEO SIERRA PAMBLEY

Foto: Museo de la Fundación Sierra Pambley (León).

Visitar el Museo Sierra Pambley es recorrer la casa de una familia acomodada del siglo XIX y nos permite entrar en sus dormitorios, en sus baños, en sus salas de juego y tertulia... Este maravilloso lugar sólo puede recorrerse en visitas guiadas, por lo que la mejor manera de hacerlo con niños es juntándose un grupo de padres y reservando cita para que la visita se adapte a los más peques.

⌖ Plaza de Regla, 4.
▯ 987 27 67 75.
🌐 https://www.sierrapambley.org/

OTROS MUSEOS EN LA CIUDAD

MUSEO LICEO EGIPCIO

Un espacio para los amantes de la historia y el arte del antiguo Egipto que contiene más de 600 obras y unos 5.000 volúmenes manuscritos. Los fines de semana organizan actividades y talleres infantiles para acercar el patrimonio cultural egipcio a los peques.

⌖ Palacio de Gaviria. Calle Conde Luna, 6.
🌐 https://www.museoliceoegipcio.es/

CENTRO DE INTERPRETACIÓN DEL REINO DE LEÓN

Ubicado en el Palacio del Conde Luna, la visita permite ver cómo era la sociedad que campaba por estas tierras hace más de un milenio. En ocasiones puntuales el Ayuntamiento organiza visitas teatralizadas.

⌖ Plaza del Conde Luna, 5.
📱 987 237 082.

MUSEO DE LEÓN

La historia de la provincia de León concentrada en un edificio con piezas de arqueología, arte y etnografía. Organizan talleres infantiles en periodos no escolares.

⌖ Plaza de Santo Domingo, 8.
🌐 https://museodeleon.com/

MUSEO DE SAN ISIDORO

Contiene muchas piezas de la historia de León, entre las que destaca el cáliz de Doña Urraca. Alberga el Panteón de los Reyes de León, bautizado con el sobrenombre de la Capilla Sixtina del Románico.

⌖ Basílica de San Isidoro. Plaza San Isidoro, 4.
🌐 https://www.museosanisidorodeleon.com/

Recorrer la ciudad en tren

VIAJEROS, AL TREN (TURÍSTICO)

Convertirse en turista en nuestra propia ciudad es un gran plan porque nos ayuda a verla con otros ojos. Si venís de fuera, es una manera cómoda de hacerse una idea de todo lo que ofrece este lugar. Con el tren turístico recorreremos los principales monumentos de la ciudad y podemos ir atentos a las explicaciones o simplemente dejarnos llevar. Las salidas se efectúan desde la Plaza de San Marcelo, frente a Casa Botines, y lo más aconsejable es acercarse allí para comprobar horarios y frecuencias.

Observar animales sin salir de la ciudad

PARQUE DE QUEVEDO

Con una superficie de 50.000 metros cuadrados, este parque es un lugar fantástico para pasear, sentarse a descansar o hacer un picnic. Tiene distintas especies arbóreas y un estanque junto al que se pueden ver patos, gallinas y los icónicos pavos reales. Cuenta con dos zonas de juegos infantiles, además de cancha de baloncesto y mesas de ping pong, sin olvidar su característico templete.

⌖ Avenida Quevedo, León.

Ha obtenido en varias ocasiones el premio Green Flag por su gestión eficiente y sostenible otorgada por la Asociación Española de Parques y Jardines Públicos (AEPJP) y la marca Green Flag Award.

Aprender de la naturaleza

COTO ESCOLAR

Esta aula de naturaleza de más de 120.000 metros cuadrados está dirigida fundamentalmente a los escolares. Muchos colegios visitan el centro durante el curso. En verano hay campamentos sin pernocta para los más peques y con pernocta para los mayores. También organizan talleres en otros periodos no lectivos. Además, es posible visitarlo por libre de lunes a viernes por la mañana. Hay una gran cantidad de gamos, dos osos, un emú, perros mastines, patos, gansos... También hay un picadero donde guardan los caballos y un gran paseo de plantas aromáticas y árboles frutales.

 Paseo el Parque s/n.
 987 21 31 19.

Hacer un picnic

PARQUE DE LA CANDAMIA

Este gran parque junto al río Torío es un lugar espectacular para pasar el día e ir a hacer un picnic. Cuenta con 400.000 metros cuadrados de naturaleza y está comunicado con el carril bici hasta el barrio de Eras de Renueva. Hay mesas de merendero, un lago con patos, puentes de madera y dos bares con terraza que funcionan en verano. Tiene algunos columpios y  se puede bajar al río. Desde aquí salen muchos caminos para realizar senderismo. Al otro lado del puente, junto al río, hay unas curiosas cabañas en las que jugar.

Salir al monte sin moverse de la ciudad

MONTE SAN ISIDRO

A 3 kilómetros del centro de la capital podemos olvidarnos de que estamos en la ciudad. El Monte San Isidro ofrece 139 hectáreas y numerosos caminos en su zona de esparcimiento para realizar rutas tanto caminando como en bicicleta. Cuenta con mesas de merendero, barbacoas, juegos infantiles y un bar que suele abrir durante la época estival. También un parque escultórico, con obras de diversos artistas leoneses integradas en rincones naturales.

⊙ Carretera de Carbajal, 87.

Ir en bici junto al río

CARRIL BICI

Un paseo en bici en familia siempre es un planazo. En León podemos ir desde el Monte San Isidro hasta La Candamia por los carriles bici que circulan junto al río. Dejando la montaña a nuestra espalda, acompañaremos al río Bernesga hasta que se una con el Torío y luego remontaremos este hasta llegar al parque de La Candamia. La distancia entre un punto y otro son unos 12 kilómetros.

Si queremos ir más allá, podemos circular unos metros con precaución por la carretera que pasa junto a La Candamia. Así podremos tomar el carril bici de Villaquilambre que nos lleva hasta Villanueva del Árbol por unos 7 kilómetros más.

Explorar como pequeños biólogos

EL BERNESGA

Una lupa, unos prismáticos, un pequeño cuaderno y nos vamos a explorar la ribera del río Bernesga a su paso por la ciudad. ¿Cuántas especies de aves lograremos avistar? ¿Y de insectos? Podemos escuchar ranas, observar patos, peces y, por supuesto, alguna de las elegantes garzas reales que aquí residen. Cerca del puente de San Marcos hay una amplia zona de fácil acceso para acercarnos a la orilla.

Conociendo estos habitantes, será más fácil querer cuidar su hogar. En León hay una asociación, Amigos del Mocho, que queda cada mes para limpiar las orillas del río. Lo hacen desde 2015 e invitan a todo el que quiera unirse. Es una forma de concienciar a los peques de todo lo que manchamos los humanos y animarlos a participar en iniciativas para mejorar la sociedad. Se reúnen cada primer domingo de mes junto a la Bolera de San Marcos a las 10.30 horas.

🌐 https://www.facebook.com/amigosdelmocho/

Llegar hasta la luna

OBSERVATORIO ASTRONÓMICO MUNICIPAL DE LEÓN PEDRO DUQUE

La Asociación Leonesa de Astronomía gestiona el Observatorio Municipal Pedro Duque, que está ubicado en el recinto del Coto Escolar, en el polígono de La Lastra. Allí se reúnen todos los viernes por la noche para mirar el cielo, comentar lo que ven y realizar exposiciones relacionadas con todo lo que esconde el universo. Es posible acudir a uno de sus encuentros poniéndose previamente en contacto con ellos. En ocasiones organizan observaciones públicas en este observatorio y en otros lugares a las que es necesario inscribirse para asistir.

Paseo del Parque s/n.
https://www.astroleon.org/

Aprender a amar el teatro

TEATRO SAN FRANCISCO

Este teatro de León tiene una cuidada oferta cultural para familias durante los fines de semana del curso escolar. Es un lugar donde sentirse a gusto e iniciar a los peques en distintas disciplinas artísticas y que normalicen el ir a un teatro y sentir lo que eso supone. Compañías llegadas de distintas partes de España ofrecen teatro, clown, magia, música, circo, danza, cuentacuentos... El trato es muy familiar y a la salida pueden encontrarse con los actores y actrices que han visto sobre el escenario.

⌖ C/ La Corredera, 1. León.
🌐 https://teatrosanfrancisco.es/

Asistir a un gran espectáculo

AUDITORIO CIUDAD DE LEÓN

El Ayuntamiento de León programa en el Auditorio Ciudad de León, un edificio de 9.000 metros cuadrados, varias obras durante el año para el público familiar que suelen incluir danza, teatro, música y circo. La programación la anuncian semestralmente y ofrecen bonos familiares que suponen un ahorro si se quiere asistir a varias funciones. También acoge grandes espectáculos que recalan en León dentro de su gira.

⌖ Avda. Reyes Leoneses, 4.
🌐 https://www.auditorioleon.com/

Mancharse las manos como oseznas y lobatos

LA CABAÑA

La Cabaña es un refugio creativo que te acoge desde que cruzas su puerta y que tiene muy en cuenta a los más peques y a sus familias. Acoge exposiciones temporales que pueden ir a visitarse por libre, y cada mes organizan distintos talleres en los que invitan a dar rienda suelta a la imaginación y a crear con mucha libertad y diferentes materiales. También ofrece cuentacuentos y hasta sesiones de cine. Además, tiene una pequeña tienda en la que podéis encontrar libros y otros artículos relacionados con el arte. Un lugar absolutamente inspirador.

◎ C/ Relojero Losada, 33.
⊕ https://www.instagram.com/estaeslacabana/

Devorar libros como leones
BIBLIOTECAS

BIBLIOTECA PÚBLICA DE LEÓN

La Biblioteca Pública de León, ubicada en la calle Santa Nonia, tiene una amplia sala infantil en la que disponen de libros para todas las edades. También cuentan con DVD y CD de música y juegos. Hay una sala para niños más mayores con mesas donde pueden estudiar y hacer sus deberes o simplemente leer, y otra para

los más peques con numerosos álbumes ilustrados y mesas bajas. Todos los meses organizan actividades culturales, cuentacuentos y talleres.

🌐 https://bibliotecas.jcyl.es

BIBLIOTECAS MUNICIPALES

Por su parte, las bibliotecas municipales organizan cuentacuentos cada mes en sus diferentes espacios. Están dirigidos a partir de 3 años. Es necesario inscribirse para asistir.

BIBLIOTECA CRONISTA LUIS PASTRANA

Centro Cívico del Crucero

📍 Avenida La Magdalena, 1.

BIBLIOTECA PADRE ISLA
Chalé de Padre Isla
 Avenida Padre Isla, 57.

BIBLIOTECA PUENTE CASTRO
Antiguas escuelas
 Plaza del maestro, s/n.

BIBLIOTECA ARMUNIA
Casa de Cultura
 C/ San Juan Bosco, 33.

PUNTO DE LECTURA ESPADAÑA
Centro Cívico Ventas Este
 C/ Tambarón s/n.

PUNTO DE LECTURA LA INMACULADA
Centro Cívico Ventas Oeste
 C/ Nazaret s/n.

 https://www.bibliotecaspublicas.es/bmleon

También os recomendamos una visita a las librerías de la ciudad; en algunas de ellas organizan cuentacuentos y talleres infantiles ocasionales. Anualmente se celebra una Feria del Libro y otros eventos literarios que dedican espacio a los más peques.

Tomar algo sin separarte de tu bebé

LIMALIMÓN ANIMACIÓN

Para los menores de tres años suele haber pocos planes o lugares que los tengan en cuenta, por eso este local es muy especial. Limalimón Animación es una cafetería con salas de juegos, una de ellas para menores de dos años a la que pueden acceder los adultos acompañantes. También hay otra sala a partir de los dos años con mucho material de juego simbólico y una mesa para merendar cuando celebran algún cumple. Disponen de un gran patio con cama elástica, hinchable y más juegos junto a una amplia terraza.

⚲ Párroco Pablo Díez, 29.
🌐 https://www.instagram.com/limalimonanimacion

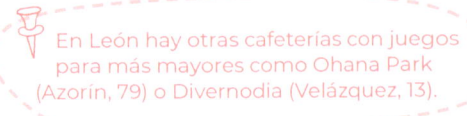

En León hay otras cafeterías con juegos para más mayores como Ohana Park (Azorín, 79) o Divernodia (Velázquez, 13).

Aprender jugando
EL MUNDO EN TUS MANOS

Esta tienda ofrece juguetes de gran calidad y una estética preciosa. Tiene también juegos educativos, fiambreras, botellas, vajillas y otros artículos para los peques junto a una cuidada selección de cuentos infantiles. También es posible encontrar calzado respetuoso y algo de ropa. Además de su servicio de tienda, El Mundo en tus Manos es un lugar de encuentro para familias y ofrece talleres, charlas para mamás y papás y otras actividades como pintacaras, cuentacuentos o la tradicional visita de Papá Noel en Navidad.

C/ Julio del Campo, 4.
https://elmundoentusmanos.store/

GUÍA DE PLANES EN FAMILIA EN LEÓN

RUTAS POR LA NATURALEZA

Sorprenderse con la naturaleza convertida en arte

SENDA DEL MOURO

Ruta circular de 2,5 kilómetros por un terreno bastante regular y asequible incluso para niños pequeños. A lo largo del paseo hay diferentes manifestaciones artísticas integradas en la naturaleza: un tronco hueco repleto de piedras, dibujos tallados en algún árbol, palos que unidos hacen formas, un móvil sonoro con piezas de pizarra... y, lo más importante, la casa del mouro. Al finalizar la ruta hay una zona de merendero. El inicio de la ruta está al final del pueblo.

⌖ Labaniego.
◁ 2,5 km.

43

Encontrarse con personajes de cuento

EL BOSQUE DE LOS CUENTOS

Almanza tiene un bosque muy especial: el Bosque de los Cuentos. Hasta él se llega por una agradable ruta de un kilómetro. En el lugar aguardan las figuras de Blancanieves, los Tres Cerditos, los Siete Enanitos o el Lobo Feroz entre otros personajes que habitan aquí, en medio de robles de hasta cinco metros de circunferencia. Hay un columpio y algunas mesas donde comer.

El bosque está situado en la carretera entre Almanza y Corcos. Para llegar hasta la ruta hay que dirigirse hacia la zona recreativa El Peñón. Hay un aparcamiento habilitado y el inicio de la ruta está indicado.

◉ Almanza.
◁ 2 km (ida y vuelta).

Adentrarse en un bosque mágico

EL FAEDO DE CIÑERA

Este hayedo es espectacular en cualquier época del año, aunque el otoño le dota de un atractivo difícil de igualar. El recorrido, entre ida y vuelta, suma unos 5 kilómetros. El paseo por el bosque es corto pero muy intenso y desprende mucha magia. Se recorre por una pasarela central de madera que serpentea junto al arroyo de Ciñera. Se recomienda no salirse de la pasarela. El árbol más importante del lugar se llama Fagus, tiene 6,32 metros de perímetro y 23 metros de altura. Lleva aquí 500 años.

El coche hay que dejarlo en el pueblo, en el entorno de la Plaza Mayor y desde ahí se camina hacia el cementerio para entrar en la pista de tierra por la que comienza la ruta.

⊙ Ciñera de Gordón.
⊿ 5 km (ida y vuelta).

Hay que prestar atención si ha llovido, helado o nevado, pues debido a lo sombrío del lugar puede resultar resbaladizo. Por la misma razón, es mejor no apurar mucho la visita en otoño y en invierno ya que empieza a hacer frío pronto.

Buscar el refugio de un personaje mitológico

RUTA HASTA LA CUEVA DE LA VIEJA DEL MONTE

Este paseo junto al embalse de Riaño conduce hasta la Cueva de la Vieja del Monte, un personaje mitológico de los pueblos de la montaña de León. Tras pasar por un pinar, se recorre el camino que bordea el pantano. Al llegar a la bifurcación, hay que elegir el sendero de la izquierda, que se introduce en el hayedo de las Biescas. Poco después está el camino que arriba a la cueva, un rincón con mucha magia.

Por aquí se llega también a la Ruta de los Osines, que está indicada y conduce a un bonito mirador.

La ruta comienza en la localidad de Riaño, en el extremo del viaducto más alejado del pueblo. Se puede dejar el coche en alguna de las zonas habilitadas junto a la carretera, aunque es mejor no ir muy tarde para encontrar sitio.

◎ Riaño.

◁ 6 km (ida y vuelta)

La única complicación es la subida a la cueva, donde hay que tener cuidado para no resbalar con las piedras sueltas.

Caminar entre letras y esculturas

SENDA DEL CELORIO

Un paseo sencillo que aúna naturaleza, escultura y literatura en la comarca de Gordón. La ruta está inspirada en un relato del escritor leonés José María Menéndez López, que se puede leer en las distintas paradas del recorrido, hasta llegar a Paradilla, donde hay un merendero en un mirador espectacular. También hay un gran columpio. Para regresar, se puede hacer por el mismo lugar o bajar por los caminos que discurren junto a la carretera que desciende hasta Geras. En el camino veremos dos esculturas de Amancio González: una enorme mano que pretende alcanzar las estrellas y un travieso trasgo.

Inicio: Para comenzar la ruta hay que dejar el coche junto a la carretera comarcal LE-473 que une La Pola de Gordón y Aralla de Luna. El comienzo de la ruta está un poco antes de llegar a Geras y hay espacio para dejar coches. Está indicado con dos grandes carteles.

◎ Geras de Gordón.

◁ 5,5 km.

Descubrir una cascada escondida

RUTA HASTA LA CASCADA DE FUMEIXÍN

Asequible ruta a pie, de unos 2 kilómetros. Tiene dos partes diferenciadas. La primera es llana y se recorre sin problema y la segunda es una subida que, aunque no demasiado empinada, exigirá más esfuerzo. Los montes de Los Ancares con el brezo florido son un espectáculo maravilloso en primavera. El camino está flanqueado por los canales de riego que bajan cargados de agua. Un cartel indica por dónde comenzar a subir. Después hay que cruzar un pequeño arroyo para llegar hasta la caída del agua.

A Candín se llega por la carretera LE-4211. Tras pasar el bar, hay que girar a la izquierda. Dejando el Ayuntamiento a la derecha y una farmacia a la izquierda, se llega al final de esta calle y se gira a la derecha, donde comienza el camino de la ruta. Poco más adelante hay una bifurcación, donde hay que tomar el camino de la izquierda.

📍 Candín.
📐 3,6 km (ida y vuelta).

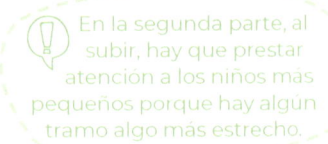

En la segunda parte, al subir, hay que prestar atención a los niños más pequeños porque hay algún tramo algo más estrecho.

Caminar entre la fuerza del agua

RUTA POR LAS CASCADAS DEL RÍO FARO

La primavera es un momento muy bueno para realizar esta ruta ya que el deshielo proporciona nutridas cascadas, pero también hay quien opta por realizarla en invierno utilizando raquetas de nieve. Nada más iniciar el camino, aparece la primera cascada, la Cascada de El Saltón. El río Faro, un afluente del Curueño, ofrece durante todo el trayecto hasta 8 saltos de agua: El Saltón, La Mayaduela, La Quemada, La Fuente, La Majá de Tala, La Requejá y la Majá Sidorón. El regreso se realiza por el mismo camino.

La ruta comienza en la localidad de Redipuertas, a poco más de una hora de León, y está perfectamente indicada con un gran letrero.

◉ Redipuertas.

⚐ 7 km (ida y vuelta).

Descubrir seres mágicos

SENDA DE LA MITOLOGÍA LEONESA

Esta ruta está ubicada en la localidad de Carande, en el Parque Regional de la Montaña de Riaño y Mampodre. A lo largo del recorrido, unos 5 kilómetros, hay repartidas figuras talladas en madera que corresponden a personajes de la mitología leonesa, acompañados de carteles explicativos en castellano y también en leonés. La Vieja del Monte, el Reñuberu o el Diañe son algunos de los seres que encontraréis. Junto a alguno de ellos hay buzones para dejar mensajes, deseos y peticiones. La ruta es circular y está señalizada.

A la entrada del pueblo hay una zona reservada para aparcamiento y es ahí donde se debe dejar el coche. La ruta comienza en la calle Solascasas, junto al bar. Allí un cartel indica el camino a seguir.

◎ Carande.
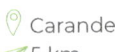 5 km.

Aprender sobre tradiciones con unos pequeños seres

RUTA DE LA CASITA DEL DUENDE

Ruta familiar en la localidad leonesa de Villanófar de Rueda, en el municipio de Gradefes, resultado de la iniciativa de la asociación cultural La Penilla de Villanófar y del trabajo de todo un pueblo involucrado. A lo largo de un paseo entre robles hay distintos duendes de madera que, a través de códigos QR, relatan historias relacionadas con el pueblo, su cultura, las tradiciones y la naturaleza.

Al entrar en el pueblo hay un parque. Junto a él, un letrero indica la dirección que hay que tomar para iniciar la ruta: subir la calle Penilla hasta arriba, donde comienza el camino.

📍 Villanófar de Rueda.
📏 4 km (ida y vuelta).

Buscar un animal prehistórico

SENDA DEL MAMUT

Esta ruta parte de la localidad de Oceja de Valdellorma y debe su nombre a una gran roca que hay por el camino cuya forma recuerda al animal prehistórico. No tiene complicación, el recorrido son unos 2 kilómetros y de lo único que hay que tener cuidado es con no resbalar en época de lluvias y heladas.

Para llegar al inicio de la senda hay que ir hasta el bar. Un poco más adelante comienza la ruta hacia la izquierda. Aparece indicada en un cartel junto a otros caminos, como el de Yugueros. Tras pasar el río, se gira a la derecha. Está muy bien señalizada.

⌖ Oceja de Valdellorma.
⟡ 2 km.

Observar ranas en un lugar mágico

LAGO DE BABIA

Este lugar está rodeado de magia y leyenda. Llegamos hasta la laguna desde el pueblo de Lago de Babia, que cuenta con diversos murales en las casas de la localidad del artista Manolo Sierra en los que refleja tradiciones, costumbres y modos de vida de las gentes de este lugar. Desde aquí, se sube hasta la laguna por una pista asfaltada de 1,5 km aproximadamente. Se puede recorrer con el coche, pero el paisaje es precioso y merece la pena subir caminando. Los niños estarán encantados observando las numerosas ranas y sapos que pueblan los prados húmedos y en el agua pueden encontrar tritones y peces.

◎ Lago de Babia.
⊲ 1,5 km.

Seguir el rastro del oro
LAS MÉDULAS

Esta explotación minera de oro a cielo abierto es un escenario de aventura para los peques que empiezan a hacer rutas. Patrimonio de la Humanidad por la Unesco desde 1997, ofrece numerosos recorridos. Para hacer en familia, la más habitual es la Senda de las Valiñas, debido a su baja dificultad. Se ven las cavernas de La Cuevona y La Encantada. No os perdáis la impresionante panorámica desde el Mirador de Orellán. En el mismo pueblo de Las Médulas hay muchos restaurantes donde comer y tienen una interesante Aula Arqueológica.

◎ Las Médulas.
▢ 987 42 07 08 / 619 25 83 55
⊕ https://visitlasmedulas.com/

Pedalear en el entorno del oso pardo

VÍA VERDE DE LACIANA EN BICI

La Vía Verde de Laciana nos introduce de lleno en el espacio natural del Alto Sil. El terreno está asfaltado entre las localidades de Villablino y Caboalles de Arriba a lo largo de siete kilómetros. La vía sigue el camino que en su día recorría el ferrocaril minero. En Caboalles se encuentra el Centro de Interpretación del Urogallo.

El punto de inicio está en Villablino, junto a la carretera CL-631 (en la rotonda donde está el bar La Ruta) que va hacia Ponferrada. Allí hay un aparcamiento para dejar el coche. Por la zona varias empresas alquilan bicicletas y pueden llevarlas hasta el lugar indicado.

El terreno tiene una ligera inclinación ascendente.

Villablino.
7 kilómetros.

En Valencia de Don Juan, al sur de la provincia, también disponen de una interesante Vía Verde, aunque allí debes llevar tu bici pues no hay lugares donde alquilarlas.

GUÍA DE PLANES EN FAMILIA EN LEÓN

PLANES
SINGULARES

Entrar en un bosque de fantasía

SENDA ENCANTADA DE COBRANA

Es una visita teatralizada que se realiza en verano a cargo de la empresa Dinamia Teatro. La ruta discurre por el alcornocal de Cobrana, en El Bierzo, y se recorre una distancia de casi dos kilómetros y medio en aproximadamente hora y media. Un guía lleva al grupo por el bosque, en el que van apareciendo personajes: la Meiga o Bruja Maruxa, la Nubera —hacedora de vientos, lluvias y tempestades—, la Dríade —encargada del árbol más viejito y grande del bosque—, el Trasno —un duende muy juguetón— y el Dianu Burlón, un viejo contador de historias y cuentos.

◯ Cobrana.
◁ 2,5 km.
⊕ https://dinamiateatro.com/

Ayudar en una misión de vida o muerte

EL SOTO MÁGICO DE VILLAR

Dinamia Teatro y la asociación Bierzo Vivo se unen en esta visita para invitarnos a recorrer el Soto de Villar, un hermoso bosque de castaños robles y encinas. Lo hacen a través de una historia que nos ubica en los años 20. Desde la plaza del pueblo acompañaremos a Balbina en su aventura. Entraremos en una casa solariega y luego nos adentraremos en el bosque. Habrá encuentros con personajes reales y fantásticos hasta completar la aventura.

◍ Villar de los Barrios.
⚐ 1 km.
🌐 https://dinamiateatro.com/

Llegar a lo más alto
COLUMPIOS GIGANTES

En León han sido varios los municipios que se han sumado a la moda de tener su columpio gigante. Las vistas desde todos ellos son espectaculares.

COLUMPIO DE RIAÑO

Ubicado en el paraje de Las Hazas a 1.200 metros de altitud. Tiene 8 metros de altura y las vistas hacia el embalse y los picos son de cuento.

COLUMPIO DE CASTROCONTRIGO

El Mirador del Eria presume de ser el más alto de la provincia con sus 10,94 metros.

COLUMPIO DE LIBRÁN

Con casi 9 metros de altura, se accede por una senda fácil de unos 3,5 km entre ida y vuelta.

COLUMPIO DE LARIO

Ubicado en lo alto del Pico Caleao, a 1.300 metros de altitud, el asiento grande permite balancearse a más de una persona a la vez. Mide 9 metros y llegar a él supone unos 3 km entre ida y vuelta.

COLUMPIO DE PARADILLA DE GORDÓN

Este columpio surge de una pequeña escultura de Amancio González. Tiene 6 metros de alto y se encuentra al final de la Senda del Celorio.

Asombrarse con la fuerza de la naturaleza

CASCADA DE LA COLA DE CABALLO

Un paseo pequeño junto al río, cruzar por varios puentes, subirse a alguna roca y salpicarse con el agua que cae con fuerza. Es un plan sencillo pero con éxito asegurado. La cascada de Nocedo, conocida como de Cola de Caballo, salva un desnivel de cuatro metros en una pequeña cavidad acondicionada para disfrutar del espectáculo natural sin peligro.

Para llegar, seguiremos la carretera LE-311 (que sale de León en Navatejera y atraviesa Garrafe, Pedrún y otros pueblos del valle del Torío) hasta Robles de la Valcueva, donde tomaremos el desvío a La Vecilla (CL-626). Poco antes de acceder al centro de esta última, torceremos a la izquierda en dirección a Valdepiélago y Lugueros (LE-321). La cascada está a pocos kilómetros una vez pasadas las localidades de Valdepiélago y de Montuerto. Se encuentra señalizada pero hay poco sitio para dejar el coche, así que una vez pasado Montuerto es conveniente circular despacio para no dejarla atrás.

Navegar por los Fiordos Leoneses

PASEO EN BARCO POR RIAÑO

Un paisaje espectacular, mucha historia bajo sus aguas y la aventura de ir en barco. El viaje dura alrededor de una hora y cuarto. El paseo permite contemplar desde el embalse los picos más significativos, como el Gilbo, el Yordas, Las Pintas, el Cueto Cabrón, la Sierra de Hormas... y avistar a lo lejos el reconocible Espigüete. Y, sobre todo, imaginar cómo sería ese precioso pueblo de montaña antes de que fuera sumergido bajo las aguas del pantano.

🌐 https://www.riañoenbarcos.es/

Explorar el mundo subterráneo
CUEVAS VISITABLES

CUEVA DE VALPORQUERO

Para enseñarle a nuestros hijos e hijas el inmenso poder del agua y la belleza de la naturaleza no hay mejor plan en familia que la visita a la Cueva de Valporquero, junto al pueblo de Valporquero de Torío, un espacio natural subterráneo que ha creado el paso del agua a lo largo de más de un millón de años.

Las visitas recomendadas para menores de 12 años son el Recorrido Normal y el Recorrido Largo. El Recorrido Normal (1 hora) visita las cinco primeras salas: Pequeñas maravillas, Gran Rotonda, Hadas, Cementerio Estalactítico y Gran Vía. El Recorrido Largo incluye dos salas más (Columna Solitaria y Maravillas) y dura entre 90 y 100 minutos. Las formas caprichosas que va formando el agua hay quien las ha comparado con figuras, como monstruos, vírgenes o la más famosa, el fantasma, que se ha convertido ya en la mascota de la cueva.

⌖ Valporquero de Torío.
🌐 http://www.cuevadevalporquero.es/

CUEVA DE LLAMAZARES

Para llegar hasta la cueva hay que realizar una pequeña caminata de 1 kilómetro en ascenso. La visita hay que reservarla con antelación por teléfono y es guiada. La cueva tiene forma de H y unos 1.600 metros, aunque los habilitados para la visita son 700. En su interior descubrimos unas curiosas formas, los coraloides, y el efecto físico de la fluorescencia. Para la

subida dan una hora de margen aunque se hace en menos. La duración del recorrido por el interior es de aproximadamente una hora.

 Llamazares.
669 34 92 14.

CUEVA DE VALDELAJO

De pequeño tamaño pero muy interesante, se encuentra en Sahelices de Sabero.

643 36 91 38.

65

Jugando a reinas y caballeros
CASTILLO DE LOS TEMPLARIOS EN PONFERRADA

El Castillo de los Templarios, totalmente restaurado, permite recorrer sus estancias, murallas y patios de una manera libre y muy entretenida. Subir hasta lo alto de una torre por la escalera de caracol, asomarse a un pozo (perfectamente protegido) o ver qué elementos utilizaban para defenderse son algunos de los atractivos con los que cuenta esta imponente construcción. La visita se realiza de manera libre y el tiempo aproximado del recorrido es de 90 minutos.

📍 C/ Gil y Carrasco, 1. Ponferrada.
🌐 https://castillodelostemplarios.com/

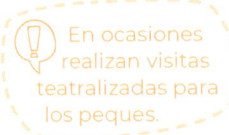

En ocasiones realizan visitas teatralizadas para los peques.

Muy cerca del Castillo de los Templarios, tenéis el Museo de la Radio de Ponferrada.

Llegar a un reino escondido

CASTILLO DE CORNATEL

Es uno de los más impresionantes que tenemos en la provincia, sobre todo por el lugar en el que se encuentra emplazado, un promontorio rocoso que domina toda la zona. Está restaurado y se puede visitar por libre. El coche hay que dejarlo abajo, en un parking ubicado en el lateral de la carretera. De allí mismo parte un camino que asciende hasta la entrada del castillo. Es todo cuesta arriba durante unos cinco minutos, pero se realiza sin complicaciones.

📍 Villavieja (Priaranza del Bierzo).
📱 606 89 81 40.

Buscar la salida como Alicia en el País de las Maravillas

UN BELLO LABERINTO

Foto: Un bello laberinto.

Siéntete como Alicia en el País de las Maravillas e intenta salir de este laberinto ubicado en Carucedo. Situado en una finca de 5.000 metros cuadrados, está formado por 2.000 cipreses de Leyland. El tiempo que se suele tardar en encontrar la salida es de media hora. Junto al laberinto tienen un pequeño chiringuito con terraza, donde se sirven consumiciones. Suelen abrir a partir de Semana Santa.

⊙ Carucedo.
⊕ https://unbellolaberinto.es/

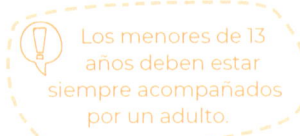

Los menores de 13 años deben estar siempre acompañados por un adulto.

Caminar entre paredes que cuentan historias

RUTA DE GRAFITIS

Paseando por las calles de La Bañeza podréis descubrir más de 300 obras al aire libre de gran calidad. Son los grafitis que van ampliándose cada año con el Festival Art Aero Rap que se celebra en el mes de agosto. Este festival reúne grandes nombres del panorama del Street Art tanto a nivel nacional como internacional. Durante el festival se les puede ver en acción y organizan conciertos y otras actividades, incluidos talleres de grafiti para niños.

Puedes consultar el mapa con las obras en https://streetartcities.com/cities/labaneza/artworks

La Bañeza.
https://artaerorap.com/

Jugar a las casitas

CASTRO DE CHANO

Foto: Reserva de la Biosfera de los Ancares Leoneses.

En el Valle de Fornela se encuentra uno de los castros más importantes de la Península Ibérica. Sus curiosas construcciones les van a encantar a los peques. El Área Arqueológica está dividida en dos zonas: el yacimiento, que está en la ladera de la montaña y se puede ver en cualquier momento; y la zona didáctica, al lado del aparcamiento y con horario de visitas. También hay una cafetería y un restaurante.

⊘ Peranzanes.

Pasar la tarde entre ualabís y alpacas

HOSPEDERÍA LOS REALES

En este complejo —hotel, restaurante y bar— podremos ver animales de lo más curioso. Aquí conviven ualabís con cabras enanas, pavos reales y faisanes, alpacas con vacas irlandesas y cerdos vietnamitas, caballos con ñandúes, emúes, ovejas, cabras o un mastín. En el estanque podemos encontrar muchas variedades de patos y peces, además de tortugas. En el bar venden bolsitas de comida para alimentarlos. Organizan actividades de granja-escuela para colegios.

◎ C/ Las Huergas, 12. Carrizo de la Ribera. Acceso a través de un camino.

▯ 649 34 38 65.

Viajar en tren hacia la montaña

EXCURSIÓN EN TREN

En León contamos con el ferrocarril de vía estrecha que nos lleva hasta numerosos pueblos donde pasar el día. Un plan con niños en León que nos permite hacer una ruta por la montaña, pasear por alguna de las localidades que incluye la línea o comer al aire libre. Los trenes parten del apeadero Asunción / Universidad aunque hay servicio de autobús desde la estación de Matallana, junto a Espacio Vías.

🌐 www.renfe.com

Viajar con destino a la cultura

FACTOR. ESPACIO SAN FELIZ

¡Lectores, al tren! Próxima parada: la cultura. San Feliz de Torío, a 10 kilómetros de León, es un destino muy especial al que se puede llegar en tren. Aquí se ubica Factor. Espacio San Feliz, una iniciativa de los editores de Eolas Ediciones y Mr Griffin con la que han recuperado un antiguo almacén de Feve para dotarlo de vida gracias a los libros y el arte. En este lugar organizan presentaciones, cuentacuentos y otras actividades para grandes y pequeños. También lo hacen en el edificio vecino, La Casona, un lugar con un encantador patio y en el que celebran eventos más grandes. Todo desde el pueblo, poniendo en valor lo rural y la literatura.

San Feliz de Torío.
https://factorespaciosanfeliz.es/

Convertirnos en peregrinos

CAMINO DE SANTIAGO

Miles de peregrinos pasan cada año por León camino de Santiago. Los vemos con sus mochilas, conocemos sus señales, pero, ¿y si nos convertimos en uno de ellos? Os proponemos una pequeña excursión por la ruta jacobea, desde la ermita de la Virgen del Puente, muy próxima al límite provincial entre León y Palencia, y Sahagún. Nos encontraremos con peregrinos, les desearemos buen camino y podremos hablar sobre muchos aspectos relacionados con esta tradición.

El tramo son unos 3 kilómetros. Hasta la ermita podemos llegar por la N-120 y luego hay que introducirse por el camino. También se puede dejar el coche en Sahagún y realizar el camino de ida y vuelta desde allí.

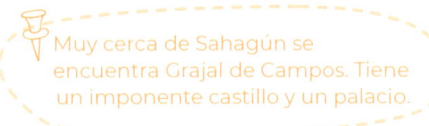

Muy cerca de Sahagún se encuentra Grajal de Campos. Tiene un imponente castillo y un palacio.

GUÍA DE PLANES EN FAMILIA EN LEÓN

EXPERIENCIAS

Ser granjeros por un día

GRANJA LA SENDA

Los peques se convierten en La Senda en pequeños granjeros para ir conociendo a los animales que habitan este lugar. Podrán ordeñar una vaca, dar la leche al ternero, aprender a hacer queso o meterse en la huerta para sacar patatas con las que alimentar al cerdo. También darán de comer a cabras y ovejas y recogerán los huevos. Para finalizar, después de cepillar y ensillar a Moro, el caballo, podrán dar un pequeño paseo sobre él.

📍 Caboalles de Abajo.
🌐 www.lasendaturismo.com

Alimentar avestruces y mucho más

FINCA FIYUELO

Esta granja escuela se puede conocer por libre o mediante alguna de las actividades que organizan. En ella viven gallinas de muy diversos tipos, palomas, patos, ocas, avestruces, ovejas, cabras, conejos, caballo, burra, cerdos y muchos faisanes, entre otros animales como pavos reales. Tiene un bar con terraza justo al lado donde también celebran cumpleaños.

Las Ventas de Albares.
651 64 06 24

Aprender cómo se hacía la mantequilla

LECHERÍA DE SOSAS DE LACIANA

La lechería La Popular se encuentra en un encantador edificio junto al río y se puede visitar como museo para conocer la historia de esta lechería hidráulica y el proceso que utilizaban para lograr la mantequilla que luego comercializaban en Madrid a través de Mantequerías Leonesas.

Además, ofrecen posibilidad de realizar una ruta junto con la visita. De dificultad baja y con 6,2 kilómetros de recorrido, discurre por una parte del pueblo y por una devesa de bosque mixto.

◎ Sosas de Laciana.
⊕ https://www.lecherialapopular.com

Asistir a un deporte con mucha historia
CORRO DE LUCHA LEONESA

Merece la pena conocer este deporte autóctono de la provincia de León. Transmitido de generación en generación, es práctica federada y Bien de Interés Cultural de carácter inmaterial desde 2017. Lo practican niños y mayores. En verano organizan Liga de Verano por distintos pueblos, así que es un buen momento para acercarnos a alguna localidad a verlo al aire libre. Compiten uno contra otro, ambos se agarran al cinturón de cuero del contrario y el objetivo es tirar al suelo al contrincante. Veremos vuelos, saltos y todo tipo de maniobras para evitar caer.

Presenciar un juego muy antiguo

LOS BOLOS

Este deporte tradicional es muy antiguo y tiene diferentes variedades según la comarca donde se practica. El bolo leonés se juega con una semiesfera de madera y el objetivo es conseguir una serie de puntos haciéndola circular entre los bolos. Un buen lugar para ver este deporte en la ciudad de León es la bolera de Nocedo, en la calle La Bañeza. En la provincia, otros lugares donde se puede asistir es el Soto de Boñar (bolo leonés), Riaño (bolo riañés) y Val de San Lorenzo (bolos maragatos).

Observar animales en libertad

CIERVOS, OSOS Y OTROS HABITANTES

Una de las experiencias más fascinantes que pueden tener los peques es avistar un animal salvaje desde la distancia, siempre con respeto y prudencia. Por la montaña de León hay muchos, pero ir con un guía nos ayudará a localizarlos y conocer mucho más sobre su hábitat. Ver osos a lo lejos o asistir al espectáculo de la berrea de los ciervos resultará inolvidable. Para ello podemos contar con profesionales de alguna de las empresas de aventura y turismo activo que tenemos en la provincia.

Descansar en pueblos en los que inventar historias

PUEBLOS DE CUENTO

Hay pueblos a los que uno llega y se siente inspirado. Lugares donde te apetece escribir, dibujar y dejarte llevar. En León tenemos varios. Estos son algunos que merecen mucho la pena:

PEÑALBA DE SANTIAGO
Imprescindible la visita a este encantador pueblo enclavado en el Valle del Silencio, donde parece que se ha parado el tiempo.

CASTRILLO DE LOS POLVAZARES
Bello pueblo de calles empedradas y casas blasonadas en la Maragatería, junto a Astorga, donde tomar un reconstituyente cocido maragato.

BALBOA
Aquí descubriréis las pallozas, construcciones tradicionales con paredes de piedra y tejados cónicos cubiertos de paja de centeno.

OSEJA DE SAJAMBRE
Un lugar idílico dentro del Parque Nacional de los Picos de Europa en el que respirar paz.

LOIS
La conocida como Catedral de la Montaña se encuentra en esta localidad de la Montaña Oriental Leonesa, con un gran patrimonio histórico.

Conocer de primera mano el trabajo de un herrero

HERRERÍA DE COMPLUDO

La Herrería de Compludo es un viaje en el tiempo. Este monumento nacional nos permite conocer cómo era el trabajo de un herrero en los años 60. Y no nos lo cuentan como si fuera un museo sino que nos lo enseñan como algo vivo. Da la sensación de que retrocedes hasta el momento en el que trabajaban y vivían aquí. Todo se mantiene y funciona igual que entonces.

Antes de llegar a la localidad de Compludo veremos un aparcamiento (está señalizado) donde dejar el coche para comenzar nuestra ruta hasta la herrería. Hay que caminar alrededor de un kilómetro para llegar a la fragua por un sendero sencillo y agradable.

 Compludo.
987 424 236.

Coger nuestro propio alimento

RECOGER FRUTOS

Seguro que ya habéis comprobado que es mucho más probable que se lleven algo a la boca si lo han cogido ellos que si se lo ponéis vosotros en el plato. Recoger su propio alimento es una experiencia que a los más peques les enseñará de dónde proceden lo que comen y les animará a probarlo seguro. Además, es un plan de lo más divertido.

En el municipio de Camponaraya hay dos fincas en las que se pueden recoger arándanos, moras, grosellas y frambuesas. Llevas el táper y luego pagas por peso. Suelen comenzar en junio.

📱 660 48 24 85 (Finca de Camponaraya).

También en Almanza, durante el Frestival, un festival que se celebra en torno a la fresa en el mes de junio, es posible acudir en familia a recoger esta fruta.

🌐 www.vivealmanza.es

Explorar el mundo a cuatro patas

AVENTURA A CABALLO O EN PONY

El contacto con los animales tiene numerosos beneficios y esta experiencia les permitirá conectar con la naturaleza, aprender de los animales y saber cómo relacionarse con ellos. Por la provincia hay varias empresas que ofrecen paseos a caballo o en pony y que imparten clases de equitación o talleres durante el verano. Además de montar, aprenden a ensillarlos y cepillarlos, así como algunas necesidades de los animales para conocerlos mejor e ir afianzando la confianza entre los dos.

🌐 https://www.ponyclubleon.org/
🌐 https://caminandoconcaballos.com/
🌐 https://www.fincalospotros.com/

Vivir una fiesta con denominación de origen

PARTICIPAR EN UNA FERIA

A lo largo del año se celebran numerosas ferias en distintos puntos de la provincia que ensalzan algún alimento, cultivo o animal. En algunas hay actividades infantiles que les permite aprender sobre los distintos alimentos que se llevan a la boca y sobre el ganado y los animales que pueblan esta provincia. Feria del Lúpulo en Carrizo, del Tomate en Mansilla de las Mulas, del Dulce en Benavides de Órbigo, de la Cecina de Chivo en Vegacervera o de los Gallos de Pluma en La Vecilla. La Feria del Carea en Cerezales del Condado, del Queso en Valencia de Don Juan o del Caballo Hispano Bretón en San Emiliano, entre muchas otras. Tenemos numerosos motivos alrededor de los que festejar.

A principios de cada año la Junta de Castilla y León publica en sus canales de difusión el listado de las ferias programadas para ese periodo.

Sentirse Tarzán lanzándose entre los árboles
PARQUE DE AVENTURA

León cuenta con varios parques de aventura en los que disfrutar lanzándose en tirolina, trepando por los árboles y siguiendo distintos circuitos con diferentes niveles de dificultad. En algunos de ellos organizan campamentos infantiles, familiares y visitas escolares, pero también es posible acudir por libre pagando la entrada. Los encontráis en distintos puntos de la provincia. También tenéis un divertido circuito de karts en Cabañas Raras.

Foto: Cundaya Ocio.

¿Preparados para gymkanas, excursiones, puentes tibetanos y troncos de equilibrio?

Parque Aventura El Rebollar (Almanza).
🌐 cundaya.es

Frontera Celta (Castrillo del Porma).
🌐 https://www.fronteracelta.com/

Mr Shark Adventure Park (Valencia de Don Juan).
🌐 www.guheko.com

Binatur – (Ocero) El Arbedal
🌐 https://binatur.es/actividades/

Karting Cabañas Raras
🌐 https://kartingcabanas.es/

GUÍA DE PLANES EN FAMILIA EN LEÓN

PLANES
ESTACIONALES

OTOÑO

Recibir el otoño con unas buenas castañas

EL MAGOSTO

El magosto es una fiesta popular de origen ancestral que se celebra alrededor de la recogida de la castaña, normalmente en el mes de noviembre. Las castañas se asan en un tambor metálico y hay fiesta con canciones, bailes e historias junto al fuego. Algunos niños también juegan con los restos de las brasas pintándose la cara.

Se organiza en muchas localidades y también lo celebran en algunos colegios. El más famoso es el de Páramo del Sil, en El Bierzo, que está declarado como Manifestación Popular de Interés Turístico Provincial.

Celebrar la despedida del verano
TRADICIONES DE AQUÍ Y DE ALLÁ

Foto: Proyecto Camminus.

La irrupción de Halloween ha hecho que convivan tradiciones propias y ajenas, pero también ha generado que se rescaten algunas que se habían ido perdiendo. Es el caso de la Güeste de Ánimas que se celebra en Riaño o Villalfeide. En esta localidad organizan una versión infantil por la tarde.

En Laciana celebran el Samhain, festividad de origen celta que está en la raíz del actual Halloween. En el pueblo de Rioscuro organizan un festival con talleres infantiles, juegos y actividades para todos los públicos.

INVIERNO

Jugar en la nieve

En León contamos con dos estaciones en las que practicar esquí y snowboard. Tienen empresas de alquiler de equipos y monitores para aprender tanto grandes como pequeños. En verano abren los remontes para disfrutar de la estación de otra manera.

ESTACIÓN DE ESQUÍ SAN ISIDRO

Ubicada en el Puerto de San Isidro, tiene unos 30 kilómetros esquiables con 31 pistas: 6 verdes, 8 azules, 13 rojas y 4 negras, además de un snowpark y 2 de fondo.

ESTACIÓN DE ESQUÍ LEITARIEGOS

Situada en el municipio de Villablino. Tiene más de 8 kilómetros esquiables repartidos en 17 pistas: 6 rojas, 7 azules y 4 verdes, además de un snowpark.

EN TRINEO

Cuando llega la nieve y lo que buscamos es deslizarnos en trineo o con unos plásticos, los puertos de Vegarada o Aralla son una buena opción, aunque en cualquier pueblo de la montaña de León podemos encontrar una cuesta en la que pasarlo en grande. La provincia se pone preciosa cuando la nieve pinta el paisaje de blanco.

RUTA EN RAQUETAS DE NIEVE

Numerosas empresas de turismo activo organizan rutas en raquetas de nieve, algunas incluso nocturnas. Suelen tener raquetas pequeñas para los pies de los más peques y pueden adaptarse para hacer un recorrido más corto.

Vivir la magia de la Navidad

PALACIO DE CANEDO

El Palacio de Canedo cuenta con mucho atractivo durante todo el año con sus espectaculares viñedos por los que organizan rutas, pero la iluminación navideña se lleva la palma. Desde lejos parece sacado de un cuento. En el centro montan siempre un gran árbol elaborado con botellas que sirve de photocall a los visitantes. El mayor atractivo para los peques lo guardan en una sala, donde tienen numerosos carruseles navideños que se ponen en funcionamiento cada pocos minutos.

◎ Calle Iglesia, 5. Canedo.

Ver un Belén pintoresco

BELÉN DE CEREZALES DEL CONDADO

La historia de este belén se remonta a 1980, cuando prepararon algo pequeño y con lo que tenían a mano para la iglesia. Poco a poco fue creciendo hasta adquirir la popularidad que tiene hoy. Ocupa 86 metros cuadrados y tiene más de 50 figuras en movimiento, además de distintos efectos e iluminación y sonido.

Está instalado en el edificio que hay justo en la plaza de Cerezales, que lo tienen adornado y ambientado con villancicos.

🌐 belencerezales.org

BELÉN DE GANCHILLO EN VILLORIA DE ÓRBIGO

La decoración de Villoria de Órbigo crece cada año. Tienen un espectacular árbol de ganchillo y un Belén con numerosos personajes, todos cosidos a mano. En diferentes puntos del pueblo colocan figuras grandes y pequeñas para que los visitantes realicen la ruta del ganchillo. Todo está elaborado por las mujeres de la Asociación Villa de El Bierz73 985ios o la Herrerrios o la Herer es muy llamativo en el que recrean lugares embleme con mo junto a la iglesia parÁurea, que informan de todo a través de su Instagram.

BELÉN DE PIN Y PON

Original Belén formado por figuras de los juguetes Pin y Pon en el que se recrean lugares emblemáticos de El Bierzo, como Las Médulas o el Castillo de Ponferrada. Ubicado en el Museo Artebaida de Espinoso de Compludo, cuenta con 30 metros cuadrados de exposición y más de 1.000 piezas.

BELÉN ARTESANO DE FOLGOSO DE LA RIBERA

Desde 1963 se pone en funcionamiento el Belén Artesano de Folgoso de la Ribera cada Navidad. Ocupa un edificio de 180 metros cuadrados habilitado para exponerlo junto a la iglesia parroquial de la localidad berciana.

Interés
turístico
provincial

Está compuesto por más de 200 figuras artesanales, instaladas sobre una plataforma de 98 metros cuadrados de superficie con más de 100 motores que hacen que cobren vida.

PRIMAVERA

Pasear entre un mar blanco

FLORACIÓN DE LOS CEREZOS

Los cerezos despiertan en El Bierzo con sus vistosas flores blancas en primavera, normalmente a principios de abril. En Corullón hay dos rutas por las que pasear entre estos árboles: Los cerezos de San Juan y los cerezos de San Martín. El espectáculo dura unos 10 días en su momento óptimo.

◎ Corullón.
🌐 https://turismocorullon.com

Celebrar la llegada de la primavera
LOS MAYOS

Se acaba el tiempo del frío y la oscuridad y se da la bienvenida a la primavera con una tradición ancestral, la de los Mayos, conservada en varios pueblos de la provincia. El objetivo es pinar el mayo, levantar un árbol en el centro del pueblo de la máxima altura posible y rendirle homenaje. Hay dos localidades que han adaptado esta tradición de una manera muy curiosa.

En Santa Elena de Jamuz modelan figuras o conjuntos escénicos que representan costumbres, anécdotas o críticas. Durante todo el mes puedes ver por sus calles estos curiosos muñecos.

En Villafranca del Bierzo el mayo es un ser humano cubierto por ramas prácticamente por completo que pasea, como puede, por la localidad.

Ambas son Manifestación de Interés Turístico Provincial

VERANO

Deslizarse por los toboganes más refrescantes

En la provincia de León tenemos muchas piscinas en las que refrescarnos, pero si además queremos un plus de diversión te proponemos acudir a aquellas que cuentan con toboganes.

VALENCIA DE DON JUAN

Este complejo acuático ocupa un extenso espacio en el que hay repartidas diferentes piscinas para grandes y pequeños, también una olímpica en la que es posible nadar. Tiene restaurante y varios chiringuitos en el interior, además de juegos y parques infantiles. En el recinto cuentan con un parque de aventura, Mr Shark Aventura Park, para el que hay que pagar entrada.

CARRACEDELO

Con grandes toboganes para los más atrevidos y una zona con una seta, una rana con chorros de agua y minitoboganes. Además, cuenta con una zona de jacuzzi y dispone de restaurante y mucha zona verde alrededor del área acuática.

ISLA LEÓN EN TROBAJO DEL CAMINO

Este parque acuático es el que dispone de toboganes más largos y altos, pero también el más caro. Está ubicado en la calle La Fuente, en Trobajo del Camino, y cuenta también con una zona indicada para los más pequeños. Tiene restaurante, merendero y zona de barbacoas.

CUADROS

Disponen de una piscina grande, un vaso de chapoteo y una zona de juegos dividida en dos partes. Hay una zona para los más peques con un barco pirata y chorros de agua y otra con dos divertidos toboganes. La zona verde es muy amplia y el complejo cuenta con bar, restaurante y puesto de helados.

TORAL DE LOS VADOS

Aquí tienen varios toboganes que no caen en piscina sino en su propio conducto. También cuentan con una zona de chorros, una piscina de chapoteo con toboganes pequeños y otra piscina en la que jugar y nadar. Tiene bar.

VEGA DE ESPINAREDA

Están ubicados junto a la playa fluvial y son de uso gratuito. Cuentan con dos toboganes rectos, uno con curva y otro para disfrute de los más peques.

Bajar un río en canoa
DESCENSO DEL ÓRBIGO

Esta experiencia en familia se puede hacer desde los cinco años, acompañados por un adulto. Disponen de canoas de dos y tres plazas. La duración es de unas dos horas y media, además de la parada intermedia que se realiza en la piscina de Villoria. El punto de encuentro y salida es en Veguellina de Órbigo, en el camping de caravanas. El punto final es en Villamediana. La empresa se encarga de trasladar a los participantes de nuevo al punto de inicio.

Disponen de monitores que, o bien acompañan al grupo, o bien están situados en lugares estratégicos para que no haya ningún problema durante el descenso.

🌐 http://www.descensodelorbigo.com/

Sentirse pequeños mirando al cielo

OBSERVACIÓN DE PERSEIDAS

Foto: Fundación Cerezales.

Las noches de verano son siempre un buen momento para mirar al cielo. Entre finales de julio y finales de agosto podemos ver las Perseidas, que alcanzan su máximo de actividad alrededor del día 10 de agosto. Lo mejor es acudir a zonas alejadas de las ciudades, con escasa contaminación lumínica y, si es posible, algo elevadas. Y, sobre todo, olvidarse del móvil para que los ojos se acostumbren a la oscuridad.

Durante esos días suelen organizarse eventos para verlas con otras personas y guiados por expertos, como en la Fundación Cerezales, en Cerezales del Condado.

Vivir una aventura de acampada

CAMPING

Tanto en la ciudad como en la provincia hay numerosos campings para disfrutar del verano. Todos recordamos con cariño aquellas acampadas de la infancia, así que es una experiencia en familia muy bonita. También puede ser divertido alquilar una caravana y llevarse la casa a cuestas pues cada vez hay más zonas reservadas para este tipo de vehículos. En muchos campings tienen también bungalows para pernoctar de una manera más cómoda.

Navegar lejos del mar
DEPORTES NÁUTICOS EN LEÓN

Un tranquilo paseo en una embarcación, una gran aventura en canoa o intentar mantener el equilibrio en una tabla de pádel surf. Los embalses de León permiten probar distintos deportes sobre el agua, para lo que podemos llevar el material o alquilarlo a alguna de las empresas de aventura que operan en la provincia.

Para ir con peques, el Lago de Carucedo es un lugar muy tranquilo en el que disfrutar remando por sus aguas abrazadas por un perímetro de 4 kilómetros. Dispone de mucha zona verde y un bar en el que también sirven comidas si se reserva previamente.

En el Lago de Sahechores (Sahechores de Rueda) es posible disfrutar de estas atracciones acuáticas además de pasear en un patinete con forma de cisne que funciona a pedales. Cuenta con una mini playa, bar y restaurante, pero el agua está mucho más fría.

Moverse como peces en el río
RINCONES FLUVIALES QUE MERECEN MUCHO LA PENA

TOLIBIA DE ABAJO

Chapuzón en el río Curueño, a los pies del Pico Bodón, en esta localidad de montaña que cuenta con una pequeña zona de baño.

LA OMAÑUELA

Un baño en el río Omaña en una bonita zona junto al pueblo de La Omañuela. Hay una zona con apenas profundidad y una poza donde nadar con comodidad.

TABUYO DEL MONTE

El embalse de Tabuyo del Monte se ubica a unos 2,5 kilómetros del pueblo. Hay mucha sombra bajo los pinos y algunas mesas de merendero.

SALTO DEL PELGO

Un lugar espectacular donde disfrutar de la belleza de una cascada artificial (construida en el río Burbia para el aprovechamiento de la central hidroeléctrica El Pelgo) y darnos un baño junto a ella. Lo recomendable es aparcar el coche arriba y bajar caminando.

SENA DE LUNA

La zona recreativa de Sena de Luna cuenta con mucho espacio verde y zona de merendero a ambos lados del río. Hay sombras. Llegamos hasta allí circulando desde Sena de Luna en dirección a Abelgas de Luna.

Saltar a una piscina de río
PISCINAS FLUVIALES

León cuenta con numerosas piscinas naturales y playas fluviales donde refrescarnos los días de verano. Se concentran muchas en El Bierzo y también en la zona de El Órbigo. Tenéis para elegir. Estas son algunas propuestas:

★ Alcoba de la Ribera

★ Quintanilla de Sollamas

★ Llamas de la Ribera

★ Cimanes del Tejar

★ Toral de los Vados

★ Cacabelos

★ Igüeña

★ San Martín de Moreda

★ Vega de Espinareda

★ Molinaseca

★ Lugueros

★ Cebrones del Río

★ Villoria

★ Balboa

★ Villafranca del Bierzo

GUÍA DE PLANES EN FAMILIA EN LEÓN

MUSEOS POR LA PROVINCIA

ABC

Entender la transformación de los metales

MUSEO DE LA MINERÍA Y LA SIDERURGIA

Ubicado en la antigua Ferrería de San Blas de Sabero, este centro de interpretación permite conocer más sobre este valle, sus minas y el carbón, así como el proceso de transformación de los metales. La visita ofrece muchos elementos visuales que la hacen amena y entretenida. El museo tiene un completo programa de talleres para los peques durante los fines de semana y las vacaciones escolares.

Plaza San Blas, 1. Sabero.
https://www.museosiderurgiamineriacyl.es/

Entrar en La Fabrica de la Luz
MUSEO DE LA ENERGÍA DE PONFERRADA

El museo está repartido en los tres edificios que componían la antigua central térmica perteneciente a la empresa Minero Siderúrgica de Ponferrada (MSP), que estuvo en funcionamiento entre 1920 y 1971: el muelle de carbones, la nave de calderas y la nave de turbinas. Los más pequeños pueden recorrer con bastante libertad este museo, que da pie a tratar mucho conceptos relacionados con la energía.

Tiene un programa educativo dirigido a colegios e institutos y los sábados organiza talleres para niños a partir de seis años en su peque museo. También tienen visitas para familias y, en ocasiones, teatralizadas.

📍 Avenida de la Libertad, 46. Ponferrada.
🌐 http://www.lafabricadeluz.org/es/

Para saber más sobre el tren que llevaba el carbón entre Villablino y Ponferrada, podéis visitar el Museo del Ferrocarril, también en Ponferrada.

Sobrevolar una central eléctrica

LA TÉRMICA CULTURAL

Este centro cultural está ubicado en una antigua central térmica. Cuenta con exposiciones temporales, permanentes y actividades infantiles. Ofrecen una experiencia de realidad virtual con la que sobrevolar una central, ponerla en marcha y conocer un poco más sobre cómo se genera la electricidad. La entrada es gratuita, pero es necesario reservar la experiencia porque las plazas son limitadas cada día.

 C/ de la Energía, 2. Ponferrada.
🌐 https://latermicacultural.es

Relamerse mientras se aprende

MUSEO DEL CHOCOLATE

¿Qué es exactamente el chocolate? ¿De dónde procede? ¿Cómo y a qué sabe el cacao? ¿Cómo se recoge? ¿En qué países se da? Aquí podrán tocar los granos, oler la vainilla, la pimienta, el clavo y la canela o entender el coste del cacao con un juego. Hay piezas y utensilios que se utilizaban para realizar el chocolate de manera manual o envoltorios antiguos y carteles publicitarios. Al finalizar, dan un trozo para probarlo y existe la posibilidad de comprar. Justo al lado hay un parque.

◎ Avenida de la Estación, 16. Astorga.
▯ 987 61 62 29.

Viajar al pasado más cercano

MUSEO DE LOS PUEBLOS LEONESES

Este centro de 4.500 metros cuadrados y unas 4.000 piezas etnográficas supone una auténtica inmersión en nuestras raíces. Oficios, artesanía, sustento, hogares, ropa, instrumentos musicales, tradiciones, religión y hasta juguetes con los que se entretenían nuestros abuelos o cunas y tronas de madera.

Calle San Agustín, 1. Mansilla de las Mulas.
987 31 19 23.

Meterse en una fábrica de mantas
MUSEO TEXTIL EN VAL DE SAN LORENZO

El Val de San Lorenzo es conocido por su larga tradición en artesanía textil. En este museo podremos ver las máquinas que se empleaban —y se siguen usando— para preparar, cardar, hilar y tejer la lana. La visita se hace a dos edificios: La Comunal y el Batán Museo. Tienen a la venta un cómic que explica el funcionamiento del centro a través de la historia de unos niños y una oveja.

C/ Las Canteras, 9. Val de San Lorenzo.
616 68 63 37

Conectar con el entorno a lo grande

FUNDACIÓN CEREZALES

Esta institución de carácter privado, orientada al desarrollo del territorio y a la transferencia de conocimiento a la sociedad, despliega en verano una amplia programación de talleres infantiles. Además, cuentan con actividades familiares, como una observación de cielo en época de Perseidas que merece mucho la pena.

◎ Cerezales del Condado.
⊕ https://fundacioncerezalesantoninoycinia.org

Adentrarse en mundos sorprendentes

MUNIC

Este museo cuenta con exposiciones temporales indicadas para toda la familia en la que mezclan distintas disciplinas para explicar un tema. Han abordado desde Charles Darwin hasta la historia de los cuentos pasando por Sherlock Holmes o el cambio climático. Tiene un departamento de educación que organiza numerosos talleres infantiles de distintas temáticas y una tienda preciosa donde encontrar artículos para grandes y pequeños. Se puede visitar por libre, pero tienen también visitas guiadas y en ocasiones para familias.

El Munic está ubicado en la N-VI, km 399. En la glorieta donde está El Oro de Roma Events – Special Day, se encuentra justo al lado.

⊙ Carracedelo.
🌐 http://munic.carracedelo.org/

Entrar en una mina

POZO JULIA

En una provincia tan marcada por la minería como es León, esta visita es fundamental. Es larga, pero amena al ir pasando por los distintos edificios y salas donde estaban los mineros: la lampistería, el vestuario, las duchas, las oficinas, la sala de compresores y la de máquinas. Es impactante comprobar las condiciones en las que trabajaban, lo que se explica muy bien en la recreación de la bajada a la mina, muy lograda.

◎ Fabero.

🌐 https://pozojulia.org/

Entender lo que nos rodea
CASAS DEL PARQUE Y CENTROS TEMÁTICOS

Además de explorar los maravillosos espacios naturales que ofrece la provincia (León tiene hasta siete Reservas de la Biosfera), podemos visitar las Casas del Parque y centros de interpretación que están ubicados en distintas comarcas y que ofrecen una explicación del patrimonio natural y humano de cada zona. Una buena introducción antes de adentrarnos en cada uno de los espacios.

Casa del Parque de Babia y Luna.
⦿ Riolago de Babia.

Casa del Parque de las Médulas.
⦿ Carucedo.

El Torreón de Puebla de Lillo.
⦿ Puebla de Lillo.

Casa del Parque del Valle del Porma.
⦿ Puebla de Lillo.

Casa del Parque de Valdeburón.
⦿ Lario.

Centro de visitantes La Fonseya.
⦿ Oseja de Sajambre.

Centro de Visitantes de Valdeón.
⦿ Posada de Valdeón.

Centro del Urogallo.
⦿ Caboalles de Arriba.

Castro de Chano.
⦿ Peranzanes.

Centro de Interpretación Reserva de la Biosfera Valles Omaña y Luna.
⦿ Murias de Paredes.

Aprender los secretos de la pesca

AULA DEL RÍO MIGUEL DELIBES

Sobre el agua, ese recurso imprescindible para la vida, se puede aprender mucho en el Aula del Río Miguel Delibes (Vegas del Condado), donde se explica el ecosistema acuático, se enseña a distinguir especies de animales y vegetales y se transmiten muchos conocimientos sobre la pesca. También sobre los gallos autóctonos leoneses de los que se obtienen las plumas que han dado fama a las moscas artificiales leonesas. Aquí podrán aprender a elaborarlas y realizar pesca sin muerte en un estanque.

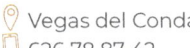 Vegas del Condado.
626 78 87 42.

Saber de dónde viene el pan

MIHACALE

En el Museo de la Industria Harinera de Castilla y León se puede entender más sobre los cereales y ver algunas máquinas que utilizaban hace años para elaborar la harina que servía para producir el pan. Tienen una sala de experimentos y juegos; además de un auditorio y una sala de exposiciones. Organizan actividades para los más peques.

◎ Gordoncillo.
⊕ https://mihacale.es/

GUÍA DE PLANES EN FAMILIA EN LEÓN

CITAS
IMPERDIBLES

Cambiar de identidad

CARNAVAL

Muchas son las localidades leonesas que celebran los días de Carnaval por todo lo alto, un buen momento para volver a ser todos niños, olvidarse de la vergüenza y convertirse en lo que cada uno quiera jugar. En La Bañeza estas fiestas ostentan el título de Interés Turístico Nacional y durante cinco días la ciudad se transforma completamente con numerosos desfiles, actuaciones espontáneas y espectáculos organizados.

🌐 http://www.carnavaldelabaneza.com/

Interés turístico nacional

Despedir el invierno como antes

ANTRUEJOS

Muchos pueblos de León conservan sus carnavales tradicionales, ritos que daban la bienvenida al mejor tiempo y que tienen personajes similares con nombres diferentes como los guirrios, los zamarrones, los jurrus, las birrias o los zafarrones entre otros. Merece la pena ir a ver sus pintorescos desfiles en los que visten con pieles y otros elementos naturales, hacen sonar con fuerza cencerros o latas y escenifican rituales de fertilidad.

Muchos de ellos acuden el Martes de Carnaval a un desfile que se realiza en la ciudad de León para dar a conocer estas tradiciones.

Aunque hay más, estos son los reconocidos con el sello de Interés Turístico Provincial:

Interés turístico provincial

★ Antruejo de Carrizo

★ Antruejo de Llamas de la Ribera

★ Antruejo de Velilla de la Reina

★ Antruido de Riaño

★ Jurrus y Castrones de Alija del Infantado

★ Zafarronada de Omaña

Llenar el puchero con el Santo Potajero

SEMANA SANTA

La Semana Santa tiene mucha relevancia en toda la provincia de León; la de la capital leonesa está declarada Fiesta de Interés Turístico Internacional y es en esta época donde mayor afluencia de visitantes se registra. El Miércoles Santo se celebra en La Bañeza una tradición que tiene como protagonistas a los más pequeños, pues son ellos los que portan en procesión una pequeña figura conocida como el Santo Potajero. Después de esto se reparte entre los asistentes un guiso elaborado con garbanzos, arroz y bacalao; además de una naranja y una pasta como postre. Esta tradición tiene su origen en el reparto de comida a los más pobres.

◎ La Bañeza.

Viajar al medievo

JUSTAS MEDIEVALES DE HOSPITAL DE ÓRBIGO

El primer fin de semana de junio, Hospital de Órbigo celebra sus Justas Medievales, con las que se recuerda la batalla del caballero leonés Don Suero de Quiñones y sus nueve acompañantes en 1434 para honrar a su amada, Leonor de Tovar. Desde el viernes hasta el domingo, ofrece un completo programa de actividades para toda la familia. El domingo es el día grande en el que se recrea el combate.

☆ Interés turístico regional

Se recomienda ir ataviado como en la época medieval.

📍 Hospital de Órbigo.

Hacer un picnic a lo grande

COME Y CALLE

Se celebra desde 2015 en el Jardín de San Francisco de León en dos ocasiones al año, coincidiendo con las Fiestas de San Juan y San Pedro, en junio; y en San Froilán, en octubre. Hay foodtrucks, conciertos, actividades infantiles, mercadillo, cuentacuentos, conciertos en familia y un ambiente estupendo. Puedes ubicarte en alguna de las mesas que tienen allí habilitadas o llevarte la manta para extenderla en el césped.

📍 León.

Volver a la época de los romanos

ASTURES Y ROMANOS

A finales de julio, Astorga rememora su pasado con la Fiesta de Astures y Romanos. En el Parque del Melgar se instala el poblado astur y el campamento romano, donde se desarrollan talleres infantiles. Durante los días que dura, podremos pasear por el mercado, asistir a charlas, ver desfiles por la ciudad o asistir a un divertido espectáculo de circo como si realmente viviéramos en Asturica Augusta.

☆ Interés turístico regional

◎ Astorga.
⊕ https://asturesyromanos.com/

Festejar nuestro pasado

SAN FROILÁN

Estas fiestas se celebran en octubre en León y nos permiten conocer nuestras raíces y las tradiciones de nuestros pueblos. Merece mucho la pena el desfile de pendones que recorre la ciudad así como el de carros engalanados arrastrados por bueyes, caballos y burros con la gente ataviada como hace años. El 5 de octubre se celebra una romería hasta La Virgen del Camino. Es un buen

punto de partida para recorrer luego pueblos y ver estas tradiciones in situ en las numerosas romerías que se celebran por toda la provincia.

📍 León.

Sorprenderse con lo incomprensible

FESTIVAL DE MAGIA

El Festival León Vive la Magia llena de ilusión cada Navidad toda la provincia de León. Comenzó en 2003 y no ha dejado de crecer. En el Auditorio Ciudad de León se celebran la Gala Unipersonal y la Gala Internacional con los mejores magos del mundo, pero hay actuaciones en muchos otros lugares de la ciudad, incluida la calle. También ofrecen meriendas y cenas mágicas y una escuela de magos para los peques. Las entradas se suelen poner a la venta en el mes de septiembre.

⊙ León.
⊕ https://festivalvivelamagia.es/

Sobre la autora

Isabel Rodríguez Ramos (León, 1983) es periodista, ha trabajado en medios de comunicación nacionales y locales. Desde hace un tiempo trabaja por su cuenta para diferentes empresas que requieren labores de redacción y comunicación. También dirige los medios digitales www.menudoesleon.com y www.menudaessalamanca.com. Le apasiona escribir y en los libros encuentra su mejor refugio.

PASATIEMPOS MENUDOS

Localiza en esta sopa de letras 12 animales que habitan en la provincia de León. Pueden aparecer en vertical, horizontal, diagonal, de izquierda a derecha y de derecha a izquierda:

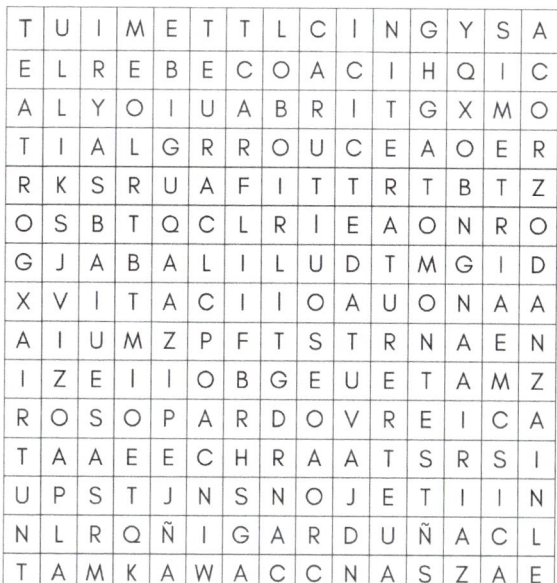

Sopa de Letras

T	U	I	M	E	T	T	L	C	I	N	G	Y	S	A
E	L	R	E	B	E	C	O	A	C	I	H	Q	I	C
A	L	Y	O	I	U	A	B	R	I	T	G	X	M	O
T	I	A	L	G	R	R	O	U	C	E	A	O	E	R
R	K	S	R	U	A	F	I	T	T	R	T	B	T	Z
O	S	B	T	Q	C	L	R	I	E	A	O	N	R	O
G	J	A	B	A	L	I	L	U	D	T	M	G	I	D
X	V	I	T	A	C	I	I	O	A	U	O	N	A	A
A	I	U	M	Z	P	F	T	S	T	R	N	A	E	N
I	Z	E	I	I	O	B	G	E	U	E	T	A	M	Z
R	O	S	O	P	A	R	D	O	V	R	E	I	C	A
T	A	A	E	E	C	H	R	A	A	T	S	R	S	I
U	P	S	T	J	N	S	N	O	J	E	T	I	I	N
N	L	R	Q	Ñ	I	G	A	R	D	U	Ñ	A	C	L
T	A	M	K	A	W	A	C	C	N	A	S	Z	A	E

Rebeco	Oso pardo	Jabalí
Corzo	Lobo	Tejón
Ciervo	Zorro	Garduña
Gato montés	Urogallo	Nutria

Dibuja un ser mitológico que nazca de tu imaginación, ponle un nombre y explica cuáles son sus poderes o sus características esenciales.

¡Sabes que con la naturaleza se pueden hacer grandes obras de arte? La próxima vez que salgáis de escapada, podéis intentar crear algo con lo que os encontréis por el suelo: castañas, nueces, hojas, palos, flores cortezas... Nos encantará verlo si nos enviáis una foto a hola@menudoesleon.com o nos etiquetáis en redes sociales.

MIS PLANES MENUDOS

_____

_____

_____

_____

_____

_____

_____

_____

_____

_____

_____

_____